Samuel Brunner
Detlef Koenig

30 Minuten für erfolgreiche Führungspersönlichkeiten

mit Zeichnungen von
Werner Tiki Küstenmacher

GABAL

Aha! Plakat

Bibliografische Information Der Deutschen Bibliothek

Die Deutsche Bibliothek verzeichnet diese Publikation in der Deutschen Nationalbibliografie; detaillierte bibliografische Daten sind im Internet über http://dnb.ddb.de abrufbar.

Umschlag und Layout: HDR Repro GmbH, Offenbach
Redaktion: Daniela Overländer, Bonn
Lektorat: Diethild Bansleben, Offenbach
Satz: Wegner-Repke Typographie & Design, Offenbach
Druck und Verarbeitung: Salzland Druck, Staßfurt

Hinweis:
Das Buch ist sorgfältig erarbeitet worden. Dennoch erfolgen alle Angaben ohne Gewähr. Weder Autor noch Verlag können für eventuelle Nachteile oder Schäden, die aus den im Buch gemachten Hinweisen resultieren, eine Haftung übernehmen.

Printed in Germany

ISBN 3-89749-359-4

In 30 Minuten wissen Sie mehr!

Dieses Buch ist so konzipiert, dass Sie in kurzer Zeit prägnante und fundierte Informationen aufnehmen können. Mit Hilfe eines Leitsystems werden Sie durch das Buch geführt. Es erlaubt Ihnen, innerhalb Ihres persönlichen Zeitkontingents (von 10 bis 30 Minuten) das Wesentliche zu erfassen.

Kurze Lesezeit
In 30 Minuten können Sie das ganze Buch lesen. Wenn Sie weniger Zeit haben, lesen Sie gezielt nur die Stellen, die für Sie wichtige Informationen beinhalten.

- Alle wichtigen Informationen sind blau gedruckt.

- Schlüsselfragen mit Seitenverweisen zu Beginn eines jeden Kapitels erlauben eine schnelle Orientierung: Sie blättern direkt auf die Seite, die Ihre Wissenslücke schließt.

- *Zahlreiche Zusammenfassungen innerhalb der Kapitel erlauben das schnelle Querlesen. Sie sind blau gedruckt und zusätzlich durch ein Uhrsymbol gekennzeichnet, so dass sie leicht zu finden sind.*

- Ein Register erleichtert das Nachschlagen.

Inhalt

Vorwort

Stellen Sie sich vor, Sie reisen in die Wüste. Damit Sie sich dort nicht verirren, buchen Sie einen Reiseführer. Bei der ersten Besprechung mit ihm prüfen Sie unbewusst seine Eignung und seine Fähigkeiten. Sie stellen sich folgende Fragen:

1. **Frage:** Wie denkt er? ... oder würden Sie mit jemandem in die Wüste gehen, der kopflos ist? Der Führer muss im entscheidenden Moment die richtigen Überlegungen anstellen.

2. **Frage:** Welches Gefühl habe ich bei diesem Menschen? Kann er und wird er auf meine Bedürfnisse und Gefühle eingehen? Und wenn ja, kann er es für mich richtig tun?

3. **Frage:** Redet er nur, fühlt er nur oder kann er auch im entscheidenden Moment handeln?

Nur wenn Sie alle drei Fragen für sich selbst positiv beantworten können und ein gutes Gefühl dabei haben, werden Sie Ihren Wüsten-Tripp und damit Ihr Leben diesem Führer anvertrauen.

Stellen Sie sich nun vor, dass Sie für Ihre Mitarbeiter genau so ein Führer sind. Und als gute Führungspersönlichkeit haben Sie folgende Eigenschaften:

- Sie müssen in der Lage sein, in schwierigen Situationen das Richtige „denken" zu können.

- Sie müssen Ihre Mitarbeiter und deren Befindlichkeiten „fühlen" können.
- Sie müssen immer konsequent „handeln" können.

Dies sind die Voraussetzungen für einen menschenorientierten und situativen Führungsstil.
Je nach Situation sind Denken, Fühlen und Handeln unterschiedlich wichtig, aber auf jeden Fall müssen sie im Einklang stehen!
Einklang bedeutet, dass Denken, Fühlen und Handeln sich nicht gegenseitig ausschließen, sondern übereinstimmen, damit Sie glaubwürdig und für Ihre Mitarbeiter verlässlich sind. Dann werden sie Ihnen folgen.

Überprüfen Sie mit folgenden Fragen, ob Sie Ihren Einklang zwischen Denken, Fühlen und Handeln schon gefunden haben

Denken – Tun Sie das Richtige?

Fühlen – Tun Sie es richtig?

Handeln – Tun Sie es wirklich?

Fazit:
Das Richtige tun – es richtig tun – es wirklich tun!

1. Denken

Auf die Vision kommt's an.
Ich behaue einen Stein.
Ich arbeite an einem Spitzbogen-fenster.
Ich baue eine Kathedrale!
Tiki

1.1 Das Richtige tun!

1.1.1 Auf Ihre Vision kommt es an!

Eine Führungspersönlichkeit zeichnet sich dadurch aus, dass sie eine Vision hat. Mit anderen Worten: Sie weiß, wo sie hin will! Das Richtige tun ist gleichbedeutend mit Effektivität.

Es reicht aber nicht aus, nur eine Vision zu haben. Entscheidend ist, dass Ihre Mitarbeiter Ihre Vision *kennen* und *verstehen* und so zu ihrer eigenen machen können.

Je genauer Sie wissen wohin Sie mit Ihrem Unternehmen, Ihrer Abteilung wollen, desto einfacher können Sie klare Ziele für alle formulieren. Erst dann können Sie den richtigen Weg zum Erfolg beschreiten. Erfolg ist schließlich nichts anderes, als ein Ziel zu erreichen oder eben die Vision in die Tat umzusetzen.

Formulieren Sie Ziele immer **„smart“:**

- **„s“** = spezifisch
- **„m“** = messbar
- **„a“** = aktionsorientiert/abgestimmt
- **„r“** = realistisch
- **„t“** = terminiert

Die Vision zeigt wo es lang gehen soll!

Wenn ein Drache steigen will, muss er gegen den Wind fliegen.
Aus China
TREND
Tiki

1.1.2 Nutzen Sie den Auftrieb

Wichtig in jeder Organisation sind Menschen, die den Mut haben, auch mal gegen den Wind zu fliegen. Oft aber gelten solche Mitarbeiter als unangenehme Querdenker. Deshalb sind sie in vielen Unternehmen nicht gewünscht. Ihr Tatendrang wird von Führungskräften wie Mitarbeitern oft mit Aussagen blockiert wie z.B.:

- „Das haben wir noch nie so gemacht."
- „Das haben wir schon oft versucht."
- „Das funktioniert sowieso nicht."
- „Gute Idee, aber das machen wir nicht."

Dabei sind es die Querdenker, die Bewegung in festgefahrene Projekte, Situationen und Strukturen bringen können. Gerade sie finden neue Lösungen und Wege. Sie suchen wirklich Veränderung – nicht nur Abwechslung. Ein Querdenker würde z.B. merken, wenn seine Kunden nicht nur Gartengeräte bei ihm kaufen wollten, sondern auch das Angebot einer kompletten Gartenpflege in Anspruch nehmen würden.

Sie als Führungspersönlichkeit sollten keine Angst vor Veränderung haben, sondern sie zulassen. Fördern Sie Querdenker und werden Sie damit erfolgreich. Benutzen Sie zur Motivation Formulierungen wie:

- „Tolle Idee, das probieren wir aus!"
- „Das wollen wir gemeinsam versuchen!"

Denken Sie nicht in Problemen sondern in Lösungen!

Wenn der Wind
des Wandels weht,
bauen die einen Mauern,
die anderen Windmühlen.
Chinesisches
Sprichwort
Tiki

1.1.3 Nicht jeder Wandel ist eine Krise

Oft spüren Sie erst am Ende einer Entwicklung den Wind des Wandels. Viele Menschen bauen genau dann instinktiv hohe Mauern, um Bestehendes zu schützen. Damit können Sie aber Veränderung nicht tatsächlich aufhalten oder verhindern. Im Gegenteil, um weiterhin den Erfolg des Unternehmens/Ihrer Abteilung zu ermöglichen, müssen Sie dann noch zusätzlich Ihre selbst gebauten Mauern niederreißen.
Seien Sie mutig! Suchen Sie nach Möglichkeiten, den Wind des Wandels für sich zu nutzen. Entscheidend ist nämlich: Wer den Wandel gestaltet, hat auch Einfluss darauf.
Dabei sollten Sie Folgendes berücksichtigen:

1) Die eigenen Gefühle im Griff haben. Angst ist ein schlechter Ratgeber. Wandel bedeutet die Chance, Veränderungen aktiv in Ihrem Sinne zu gestalten.
2) Beschreiben Sie nicht die Probleme, sondern suchen Sie nach Lösungen. Als Grundsatz gilt: „Phantasie verlass mich nie". Auch vordergründig unsinnige Ideen beinhalten Lösungsansätze. Schränken Sie sich daher nicht ein.
3) Suchen Sie sich kritische Gesprächspartner als Berater, die offen für Neues sind.
4) Wenn Sie sich für eine Lösung entschieden haben, geben Sie Ihren Mitarbeitern klare Botschaften. Sie nehmen damit auch Ihren Mitarbeitern die Angst vor Veränderungen.
5) Handeln Sie konsequent!

Mit dem Wind des Wandels zu neuen Lösungen.

Ich kann nicht zu anderen Ufern vordringen, wenn ich nicht den Mut habe, das alte zu verlassen.
André Gide
Tiki

1.1.4 Lernen Sie das Loslassen

Wer nicht losläßt und keinen Mut hat, gewohntes Terrain zu verlassen, kann nie zu neuen Ufern aufbrechen.

1) Akzeptieren Sie!
Um überhaupt loslassen zu können, müssen Sie fähig sein, Situationen so zu akzeptieren wie sie sind. Dabei ist es unerheblich, ob die Situation von Ihnen bewusst oder von außen herbeigeführt worden ist.

2) Lassen Sie los!
Trauern Sie nicht gewohnten Dingen nach, sondern lassen Sie sie los. Wenn Sie z.B. Schwierigkeiten haben, neue Kunden zu werben, überdenken Sie ernsthaft Ihr Angebot – ist es veraltet? Statt nur neue Artikel aufzunehmen, trennen Sie sich von schlecht laufenden Produkten. Bereinigen Sie! Entscheidend ist der erste gedankliche Schritt in Richtung neuer Ufer.

3) Richten Sie sich neu aus!
Stellen Sie sich das Unmögliche vor, um das Mögliche zu finden. Sammeln Sie Ideen, visualisieren Sie diese und diskutieren Sie sie mit Mitarbeitern, Geschäftsfreunden, usw. Entscheiden Sie sich für die überzeugendste Idee.

4) Packen Sie an!
Konkretisieren Sie und erstellen Sie einen Plan für die Zielerreichung. Auch die beste Planung beginnt erst mit dem 1. Schritt Wirklichkeit zu werden.

Nur wer akzeptiert kann loslassen.

Ein Optimist
findet immer einen Weg.
Ein Pessimist findet
immer eine Sackgasse.
Napoleon Hill
Tiki

1.1.5 Der Pessimist klagt – der Optimist sucht

Der Pessimist klagt über das fehlende Notwendige, die fehlende Unterstützung, die fehlenden Helfer, die fehlenden Ressourcen, also eigentlich über alles. Dadurch ist er unfähig ein wirkliches Problem zu lösen.

Sie als optimistische Führungskraft hingegen sollten gerade in Krisen das Positive suchen, also Veränderung als Chance sehen. Um eine Lösung zu finden sollten Sie sich folgende drei Grundfragen stellen:

1) Was ist notwendig?
2) Wer kann mir helfen?
3) Welche Ressourcen stehen mir zur Verfügung?

Die Antworten werden Ihnen immer helfen, einen praktikablen Weg zu finden. Wichtig dabei ist, dass Sie die Stärken Ihrer Mitarbeiter berücksichtigen und konsequent nutzen.

Durch den Einsatz Ihrer Mitarbeiter an der richtigen Stelle, unter Berücksichtigung Ihrer Stärken, und durch Ihre positive Ausstrahlung leisten Sie die beste und wirkungsvollste Motivationsarbeit.

Denken Sie aber daran: Viele Wege führen nach Rom. Es gibt nicht unbedingt den einzig wahren Weg.

Finden Sie Ihren Weg indem Sie verschiedene Lösungen ausprobieren!

Um klar zu sehen,
genügt oft schon
ein Wechsel
der Blickrichtung.

1.1.6 Flexibel bleiben: So geht's!

Die Herausforderungen, denen Sie als Führungskraft täglich neu begegnen, zwingen Sie in Ihrer Arbeit zu agieren oder zu reagieren.

Wenn Sie sich rechtzeitig auf die Suche nach Alternativen begeben wollen, dann so: Setzen Sie sich gedanklich auf den Stuhl von Partnern, Mitarbeitern, Kollegen usw. Nehmen Sie also geplant und so häufig wie möglich andere Sichtweisen ein.

Achtung: Eigene Annahmen führen automatisch zu einer subjektiven Wahrnehmung und Sichtweise. Hier hilft es, wenn Sie Ihren eigenen Annahmen bewusst konträre Positionen gegenüberstellen, um mit alternativen Sichtweisen Ihre eigene Position zu überprüfen.

Beispiel:
Die letzten vier Jahre hatten Sie durchschnittlich ein Wachstum von 5 %. Sie gehen davon aus, dass sich diese Entwicklung im 5. Jahr fortsetzt. Nehmen Sie jetzt den Fall an, dass sich statt der geplanten 5 % gar kein Wachstum realisieren lässt. Welche Konsequenzen würden sich daraus ergeben?

Mit dieser Alternativ-Szenario-Technik können Sie Ihre Annahmen seriös überprüfen und sind für Veränderungen gewappnet.

Durch häufigen Wechsel der Blickrichtung aktiver die Zukunft gestalten! Das Ziel für nachhaltigen Führungs-

erfolg ist, selbstbestimmt zu agieren und nicht fremdbestimmt zu reagieren.

1.1.7 Es geht auch einfacher

Eigentlich einfache Vorgänge werden oft aus Unsicherheit, manchmal aus Angst, komplizierter dargestellt und gemacht als nötig.

Muss das sein?

Bei genauerem Hinsehen stellt sich doch immer wieder heraus, dass scheinbar Kompliziertes aus einem einfachen Kern besteht. Achten Sie daher auf Folgendes:

1) Konzentrieren Sie sich stets auf das Wesentliche. Also auf das, was sich aus Ihren Zielen ergibt. Denn: Entscheidend ist das Ziel – nicht der Weg.

2) Priorisieren Sie Ihre Arbeit nicht nach „Wichtig" und „Dringend" sondern fragen Sie: Was ist jetzt „notwendig", um auf dem einfachsten Weg Ihr Ziel zu erreichen.

3) Denken Sie daran: Nur Gemachtes schlägt Gedachtes!

Überlegen Sie schon jetzt, wo Sie diese Erkenntnisse morgen in Ihrem Führungsbereich anwenden könnten.

Einfach gemacht?!

Wenn dein Pferd
tot ist,
steig ab.
Indianische Weisheit
Tiki

1.1.8 Dumm gelaufen – was nun?

1) Betrachten Sie die Situation objektiv
Ist eine Situation so verfahren, dass Sie objektiv keinen realistischen Ausweg mehr erkennen können, dann haben Sie den Mut, sich der Situation zu stellen.

2) Akzeptieren Sie die Situation
Kämpfen Sie keinen Kampf, den Sie nicht gewinnen können. Investieren Sie Ihre Energie nicht in unveränderbare Situationen. Akzeptieren Sie, dass der gewünschte Zustand nicht mehr erreicht werden kann!

3) Lassen Sie los
Trauern Sie um das verlorene, aber verlieren Sie sich nicht darin. Jetzt ist die richtige Zeit für neue Aufgaben. Aber: Wer neues in die Hand nehmen will muss seine Hände frei haben.

4) Gehen Sie aktiv neue Aufgaben an
Nehmen Sie die Erfahrungen mit, indem Sie sie für sich selbst dokumentieren. Erfahrungen sind ein Teil Ihres Lebens, die Ihnen in Ihrer Zukunft täglich gute Dienste leisten. Dank frei gewordener Energie können Sie die Zukunft wieder aktiv gestalten.

Erkennen Sie rechtzeitig wann Ihr Pferd tot ist und ziehen Sie die richtigen Schlüsse daraus.

2. Fühlen

Die Leiter zum Erfolg besteht nicht nur aus Sprossen, sondern auch aus Zwischenräumen.
Tiki

2.1 Es richtig tun!

2.1.1 Erfolg

Auf dem Weg zum Erfolg gibt es immer wieder Zwischenräume. Diese können unter Umständen auch zu Fallen werden. Ob es sich aber wirklich um eine Falle handelt oder nicht, hängt oft von Ihrer Gefühlslage ab. Was heißt eigentlich Erfolg? Erfolg heißt das Erreichen von Zielen. Vier Punkte sind dafür wichtig:

1) Zielorientierung: Nur wer ein klar umschriebenes und messbares Ziel hat kann erfolgreich sein. Zielstrebigkeit heißt ja bedingungslos nach einem Ziel streben.
2) Beharrlichkeit: Nur wer beharrlich an einem Ziel festhält, kann es auch erreichen. Beobachten Sie nicht auch immer wieder Menschen, die ständig Ihre Ziele ändern?
3) Können: Um bestimmte Ziele zu erreichen braucht es Fähigkeiten und Fertigkeiten. Wenn die mit dem gestellten Ziel nicht übereinstimmen ist Misserfolg praktisch programmiert.
4) Glück: Manchmal brauchen Sie auch Glück, um erfolgreich zu sein so wie „Zum richtigen Zeitpunkt am richtigen Ort". Andere nennen das Timing. Und Timing hat viel mit Gefühl für Menschen, Märkte usw. zu tun.

Seien Sie nicht ungeduldig – entwickeln Sie ein Gefühl für das richtige Tempo des Erfolgs.

Was du
entzünden willst,
muss in dir selbst
brennen.
Augustinus
Tiki

2.1.2 Inneres Feuer

Wenn Sie nicht an sich selber glauben, wer soll es dann tun?

Wenn Sie nicht an eine Sache glauben, wer soll dann an die Sache glauben?

Entscheidend ist also, dass Ihr inneres Feuer für die Projekte, die Sie in Angriff nehmen, brennt.

Sie haben es sicherlich auch schon mal erlebt, dass es Ihnen viel leichter fiel, Mitarbeiter von einer Sache zu überzeugen und zu motivieren, wenn Sie sich selbst dafür begeistern konnten.

Oft hört man in Seminaren: „Sie müssen Ihre Kunden begeistern." Mindestens eben so wichtig ist aber, dass Sie Ihre MitarbeiterInnen für ihre Aufgaben begeistern.

Motivieren bedeutet ja nichts anderes als Sinn geben, Sinn vermitteln. Nur so können Sie das innere Feuer bei den Mitarbeitern entfachen.

Überreden Sie nicht, sondern überzeugen Sie!

Jeder Abschwung
ist der Umschwung
zum Aufschwung.
Helmut Graf
Tiki

2.1.3 Aufschwung

Alles hat seinen Lebenszyklus. Dies gilt für Produkte wie für Märkte. Deshalb ist für Sie als Führungskraft wichtig, dass Sie Ihre Ziele und die erwarteten Erfolge ständig überprüfen. Dies ist der Motor für Ihre Zukunftsgestaltung.

Erstaunlich ist, dass viele Führungskräfte exakt beschreiben können warum ein Erfolg ausgeblieben ist, aber nur selten einen Erfolg wirklich begründen können.

Wenn es Ihnen gelingt, frühzeitig Veränderungen wahrzunehmen können Sie Abschwungsphasen durch rechtzeitiges Entwickeln von Neuem drastisch verkürzen. Auch hier gilt: Aktiv den Erfolg suchen und nicht nur um jeden Preis den Misserfolg vermeiden.

*Denken Sie während eines Aufschwungs nicht an Abschwung, sondern an den **nächsten** Aufschwung!*

Eine Schlucht überwindet man nicht in zwei Sprüngen
Chinesisches Sprichwort

2.1.4 Risikobereitschaft

Wenn Sie sich etwas vornehmen, ist ganz entscheidend, dass Sie das mit aller Entschlossenheit, Tatkraft und Mut realisieren.
Wichtig ist Vorbereitung. In diesem Begriff steckt auch das Wort Bereitschaft. Sie müssen bereit sein, anstelle vieler kleiner Schritte den großen Sprung zu wagen. Im Nachhinein ist dieser Sprung oft kleiner als er zunächst schien.

Vorbereitung heißt:

1) Situationsanalyse: Tragen Sie alle relevanten Entscheidungskriterien zusammen und bewerten Sie diese.
2) Treffen Sie eine Entscheidung unter Berücksichtigung der bewerteten Kriterien und Ihres Bauchgefühls (Intuition).
3) Halten Sie die Zeitspanne zwischen Entscheidung und Ausführung ganz kurz!

Beispiel: Sie haben entschieden, sich von einem Mitarbeiter zu trennen. Teilen Sie dem Mitarbeiter Ihre Entscheidung bereits am folgenden Tag mit und nicht erst am letzten Tag des möglichen Kündigungstermins.
Verzögern Sie das Kundtun Ihrer Entscheidung, wird in der Regel sowohl für Sie als auch für den Mitarbeiter das Überwinden der Schlucht unnötig schwer (das äußert sich z.B. durch schlechten Schlaf bis zum Zeitpunkt des Gespräches).

Auch hier gilt: Gemachtes schlägt Gedachtes.

Vögel im Käfig sprechen ständig vom Fliegen.
Auftrieb
Vektorkraft
300 kp
Freiheit
Glück
Abenteuer
Looping mortale
Rittberger
Freie Vögel fliegen einfach.
Tiki

2.1.5 Freiraum schaffen

Viele Führungskräfte jammern über Ihre unselbstständigen Mitarbeiter.

Denken Sie an Folgendes: Im 1. Jahr haben Sie die Mitarbeiter die Ihnen zugeteilt werden. Ab dem 2. Jahr haben Sie die Mitarbeiter, die Sie verdienen. Natürlich bestätigen Ausnahmen die Regel.

Um Freiräume zu schaffen, müssen Sie Ihre Mitarbeiter kennen. Sie müssen also wissen, welche Stärken und Schwächen sie haben:

1) Wie ist die Leistungsbereitschaft Ihrer Mitarbeiter? (Einstellungen, Engagement, usw.)
2) Wie ist die Leistungsfähigkeit Ihrer Mitarbeiter?

Aufgrund dieser Einschätzungen erkennen Sie die Leistungsmöglichkeiten jedes einzelnen und können jetzt ganz individuell Freiraum schaffen.

Selbstständige Mitarbeiter müssen gefordert und gefördert werden. Wichtig ist auch das regelmäßige Feedbackgespräch.

Die beste Förderung ist die Delegation auch von erfolgsrelevanten Aufgaben nach dem AKV-Prinzip (Gleichgewicht zwischen Aufgabe, Kompetenz und Verantwortung)

Fordern – Fördern – Feedback – Freiraum

Du siehst nicht,
wie schwer die Lasten
sind, die andere
für dich tragen.
Tiki

2.1.6 Wertschätzung

Jede Aufgabe, die im Unternehmen erledigt werden muss, verdient Wertschätzung, unabhängig von der Position und der Funktion im Unternehmen.

Jede Führungspersönlichkeit hat ihren Mitarbeitern gegenüber die Pflicht, deren Arbeit wertzuschätzen. Man spricht in diesem Fall auch von Fürsorgepflicht. Mit Ihrer Wertschätzung sorgen Sie dafür, dass die Mitarbeiter die Lasten, die sie für Sie tragen, nicht als zu schwer befinden.

Verhindern Sie, dass Lasten zu Ballast werden!

Vertrauen
ist der Anfang
von allem.
Misstrauen
ist der Anfang
vom Ende.
Detlef Koenig
Tiki

2.1.7 Trauen

1) Misstrauen: Ist eine Art von Vorsicht. Vorsicht im richtigen Maß und an der richtigen Stelle ist selbstverständlich wichtig. Übertriebenes Misstrauen führt jedoch zu einem ungesunden Maß an Kontrolle und schränkt damit automatisch die Leistungsbereitschaft Ihrer Mitarbeiter ein.
2) Vertrauen: Ihre wichtigste Führungsaufgabe ist Vertrauen zu schaffen. Suchen Sie mit Ihren Mitarbeitern gemeinsam den Erfolg und versuchen Sie nicht, den Misserfolg zu vermeiden. Hier hilft Ihnen Ihr gesunder Menschenverstand.
Grundsatz sollte dabei sein:

> Ihre Mitarbeiter können sich Ihr Misstrauen verdienen, sie sollten sich aber nie Ihr Vertrauen verdienen müssen.

Beispiel: Wenn ein neuer Mitarbeiter in seiner alten Firma ähnliche Projekte wie bei Ihnen schon erfolgreich bewältigt hat, erklären Sie Ihre hausinternen Spielregeln und lassen Sie ihn einfach machen. Maßregeln und bremsen Sie nicht dauernd. Eine Führungspersönlichkeit schenkt ihren Mitarbeitern Grundvertrauen.
Vertrauen funktioniert immer nach dem Echoprinzip: So wie Sie in die Berge rufen so schallt es zurück.
Stimmt Ihr Vertrauensverhältnis zu Ihren Mitarbeitern, dann bedeutet gesunde Kontrolle nichts anderes, als Ihre Mitarbeiter bei deren Erfolg aktiv zu unterstützen.

Nur Vertrauen schafft ein leistungsförderndes Klima!

Misserfolg...
...ist die Chance...
...es beim nächsten Mal besser zu machen.
Tiki

2.1.8 Schaffen Sie eine Fehlerkultur

Fehler oder Misserfolge sind nicht grundsätzlich ein Problem. Zum Problem werden Sie erst dann, wenn ein Mitarbeiter den gleichen Fehler mehrmals macht. Aus Fehlern zu lernen ist die wichtigste Pflicht eines jeden Mitarbeiters, also auch des Chefs.

Geben Sie Ihren Mitarbeitern durch konstruktives Feedback die Chance, aus den eigenen Fehlern zu lernen.

Überprüfen Sie immer, ob Fehler aus Unwissenheit oder Fahrlässigkeit entstanden sind. Sorgen Sie gegebenenfalls für interne Schulungen oder externe Weiterbildungen.

Wer aus Fehlern lernt wird Meister seines Fachs.

Der gehört mir nicht.
Der gehört der Firma!

2.1.9 Leben von Selbstverständlichkeiten

Zur Mitarbeiterführung gehört auch, über scheinbare Selbstverständlichkeiten zu reden. Beispiel: Kostenbewusstsein. Hierbei handelt es sich um ein Thema, das nicht nur in wirtschaftlich schwierigen Situationen behandelt werden sollte.

Zeigen Sie Ihren Mitarbeitern, welche möglichen Konsequenzen es mit sich bringen kann, wenn Sie mit dem Eigentum anderer respektlos umgehen. Eine scheinbare Selbstverständlichkeit?!

Denken Sie daran: Vorbild wirkt immer!

Wie viel kostet es Sie, den Kunden gut zu behandeln?
herabgesetzt
PREIS-NACHLASS
RABATT!
-30%
Ein Lächeln!
Qualität
freundliche Beratung
RABATT
-30%
Tiki

2.1.10 Leistungen sind Lösungspakete

Sie können als Führungspersönlichkeit nur erfolgreich sein, wenn Sie Lösungen schaffen: Für Ihre Kunden und auch für Ihre Mitarbeiter. Produkte und Dienstleistungen verkaufen kann jeder. Sachgerechte Lösungen zu finden erfordert wesentlich mehr.

Zufriedenheit entsteht durch:

Erwartete Leistung / Lösung
– wahrgenommene Leistung / Lösung
= **Zufriedenheit**

Wie viel kostet es Sie, einen Mitarbeiter oder Kunden gut zu behandeln?

Oft genügt schon ein Lächeln!!!!

Denken Sie an das große Ganze.

3. Handeln

Kunden wollen keine Produkte. Sie wollen Lösungen!
Blumen-erde
DÜNGER
Samen
Tiki

3.1 Es wirklich tun

3.1.1 Teamarbeit

Für eine Führungskraft ist entscheidend, dass die Teamarbeit funktioniert. Ein Team ist eine Leistungs- und keine Liebesgemeinschaft. Entgegen der oft geäußerten Meinung, dass Teamerfolg vor allem von der „Chemie" abhängig ist zeigt sich heute immer klarer, dass es andere entscheidende Faktoren für den Teamerfolg gibt. Die wichtigsten drei sind:

1) Die Aufgaben in einem Team müssen klar verteilt sein.
2) Es müssen eindeutige Spielregeln geschaffen und bekannt gegeben werden.
3) Die Spielregeln müssen eingehalten werden. Fehlverhalten muss bei allen Teammitgliedern gleich sanktioniert werden.

Übrigens, bei der Aufgabenverteilung im Team gilt der Grundsatz:

> „Nicht was einer am liebsten macht, sondern was er am besten kann."

Gemeinsamer Erfolg beflügelt das Team!

Tu, wo du bist,
was du kannst,
mit dem, was du hast.
Theodore Roosevelt
Tiki

3.1.2 Das notwendige Tun

Klagen wird heute zur Kultur gemacht. Bedenken Sie jedoch, dass wir meist auf sehr hohem Niveau klagen. Im Übrigen hilft klagen nie, eine bestimmte Situation oder ein bestimmtes Problem zu lösen.

Von Franz von Assisi gibt es eine goldene Regel:

> „Tue erst das Notwendige,
> dann das Mögliche
> und plötzlich schaffst du das (scheinbar)
> Unmögliche"

Beispiel: Wenn Sie ein neues Produkt einführen wollen, warten Sie nicht auf die Ergebnisse einer großen Marktstudie, sondern probieren Sie mit den Daten, die Sie haben, Schritt für Schritt Verschiedenes aus.

Hier soll gesagt sein, dass auch bei der Arbeit erst die Pflicht und dann die Kür kommt. Die Pflicht erfüllen bedeutet dabei nichts anderes, als diszipliniertes und konzentriertes Arbeiten.

Es einfach wirklich tun!

3.1.3 Handlungsempfehlungen

Konkrete Handlungsempfehlungen für Sie in Bildform, die Sie in die Tat umsetzen sollten.

Es ist besser,
eine Kerze anzuzünden,
als über Dunkelheit
zu klagen.

Nach dem Organisieren...
...kommt das Improvisieren.
Samuel Brunner

Große Probleme sollte man in Angriff nehmen, solange sie noch klein sind.
Tiki

Eine Idee ist
nur dann eine gute Idee,
wenn sie realisiert
wird.
Detlef Koenig
Tiki

Delegiert
heißt nicht
automatisch auch
„erledigt".

Ruf doch mal den Chef an,
was wir machen sollen.
Einen Vorsprung
im Leben hat,
wer da anpackt,
wo die anderen
erst einmal
reden.

Vereinfachen Sie Ihre Kommunikation:
Hmmm...
ääh...
räusper...
(schluck!)
Nein.
Ich denke...
Man könnte...
unter Umständen...
möglicherweise...
...denkbar wäre...
Ja.

Fragen Sie nicht:
Wer ist schuld?
Sondern lieber:
Wer wurde nicht geschult?
Tiki

Gute Führungskräfte sind auch in punkto Höflichkeit führend.
Samuel Brunner
Moin, Scheffe!
Schönen guten Morgen, Herr Özman!
Tiki

Spitzenleistung bedeutet,
gewöhnliche Dinge
außergewöhnlich gut
zu machen
Jo's Gourmet-Bratwürstl
CNN
Tibi

Misstrauen ist
ein Zeichen
von Schwäche
Tiki

Wenn es etwas
zu verbessern gibt,
sagen Sie es.
Und zwar rechtzeitig.
Tiki

Qualität ist,
wenn die Kunden
zurückkommen
und nicht die Ware.
Tiki

Wer alleine arbeitet, addiert.
5 + 5
Wer zusammenarbeitet, multipliziert.
5 x 5
Tiki

Wer klug ist,
lernt auch
von seinen Feinden.
Aristoteles
Adlerhandbuch
DER MENSCH
Wolfslexikon
Gefahren der Landwirtschaft
Alles über
Tiki

Unsere Fehlschläge sind lehrreicher als unsere Erfolge.
Henry Ford
Ford
SUPPE
Ford
Ford
Ford
Ford
Ford
Ford
Ford
Tibi

Wer sich entschlossen hat
zu kämpfen,
sollte sich auch
entschließen zu siegen.
Sir Peter Ustinov
(in seiner letzten Filmrolle als
Friedrich der Weise)
Tiki

Erfolg hat,
wer andere
erfolgreich
macht
Flug-
schein
Flug-
schein
IKARUS
Ihre Top-
Flugschule
Tiki

Fazit

Eine Führungspersönlichkeit ist nur dann wirklich erfolgreich, wenn es ihr gelingt, andere, also ihre Mitarbeiter, erfolgreich zu machen.

Damit ihr dies gelingt, muss sie wertschätzend, kompetent und überzeugend sein. Mit anderen Worten: authentisch.

Wahrheit schafft Klarheit und Klarheit schafft Glaubwürdigkeit.

Hilfreich ist zudem wenn es der Führungspersönlichkeit gelingt, klare Botschaften und konsequentes Handeln zu vereinen.

Viel Freude bei Ihrem Führungserfolg nach dem Motto:

Denken, Fühlen und Handeln im Einklang!

wünschen Ihnen

Samuel Brunner
und
Detlef Koenig

P.S.: Das Richtige tun – Es richtig tun – Es wirklich tun

Der Unterschied zwischen einem Traum und einem Ziel ist die Tat

Phantasie, verlass mich nie!
Samuel Brunner
08/15
08/15
08/15
08/15
08/15
08/15
08/15
08/15
08/15
08/15
Tiki

Konflikte
sind Wegweiser
zum Erfolg.
Marie von Ebner-Eschenbach
Tiki

Träumt einer allein,
bleibt es ein Traum.
Träumen wir gemeinsam,
wird es Wirklichkeit.
Dom Helder Camara
Tiki

Die Autoren

Samuel Brunner

Geb. 1952 in der Schweiz. Bis zum Jahr 1990 war er selbst Geschäftsführer einer Unternehmensgruppe. Danach machte er sich selbstständig mit der Brunner Management Beratung in St. Gallen und begleitete erfolgreich zahlreiche Firmensanierungen. Er spezialisierte sich auf das Coaching und das Training von Führungspersönlichkeiten in Deutschland und der Schweiz. Heute lebt und arbeitet Samuel Brunner in Zürich.

Unter anderem arbeitet er mit der Firma Hilcona AG zusammen, die Folgendes über Herrn Brunner zu sagen hat:
„... war Herr Brunner als Coach für Gruppen und einzelne Führungskräfte, Moderator von workshops auf Geschäftsleitungsebene und Trainier für unser gesamtes Führungsteam im Einsatz.

... Stets wurden die von ihm moderierten und großteils selbst entwickelten Seminare von unseren Führungskräften mit bemerkenswerten Bestnoten quittiert. In seiner klaren kompetenten, unnachahmlichen Weise moderierte er seine Veranstaltungen ungemein eindrücklich und authentisch. Führung lässt sich bei ihm hautnah erleben – er demonstriert sie in seinen Handlungen, Anweisungen und Kommentaren vorbildlich. ...

Darüber hinaus schätzen wir an Herrn Brunner besonders, dass er unsere Bedürfnisse immer wieder aufs Neue erspürte und seine Veranstaltungen dann sehr genau darauf ausrichtete. Von Standardseminaren keine Spur – statt dessen hohe Kundenorientierung.

... In der Gewissheit mit Herrn Brunner einen Meister seines Faches, hervorragenden Trainer und erfolgreichen Unternehmer zu kennen, können wir ihn jederzeit für Beratungs- und Trainingsmandate empfehlen.

....
Hilcona AG"

Kontaktadresse:
Brunner – Management – Beratung
Dolderstrasse 100 · CH-8032 Zürich
Telefon: +41 (0) 44 26 200 26
Fax: +41 (0) 44 26 200 29
E-Mail: samuel.brunner@management-beratung.ch
Internet: www.management-beratung.ch

Detlef Koenig

1987 – 1993
Assistent der Geschäftsführung und Objektleiter von zwei anzeigengetragenen Verbandszeitungen in einem mittelständischen Druck- und Verlagshaus

1993 – heute
Leiter des Orgenda® Verlags für persönliche Weiterentwicklung, ein Unternehmensbereich der Verlag für die Deutsche Wirtschaft AG, Bonn

Begründer der weltweiten Marke zur Vereinfachung des Lebens: simplify®

Gründer und Herausgeber der Beratungsdienste
ORG: Der persönliche Organisations-Berater®, Loseblattzeitschrift
simplify your life®, monatlich
simplify your work®, monatlich
simplify your business®, monatlich

simplify Geld®, monatlich
simplify yourself®, monatlich

Aha!Plakate®, Posterprogramm zur Mitarbeitermotivation
simplify Poster®, Posterprogramm
simplify Laden®, simplify-Werkzeuge

Co-Autor des Buches „30 Minuten für optimale Selbstorganisation" und „30 Minuten für erfolgreiche Führungspersönlichkeiten"
GABAL Verlag, Offenbach

2000: Gründer und Direktor des Deutschen Methoden Instituts, Bonn

In der Verlag für die Deutsche Wirtschaft AG auch verantwortlich für die Ausbildung der Verlagsvolontäre und Trainees.
Seit über 15 Jahren ehrenamtlich Mitglied des Aufsichtsrates eines Krankenhauses.

Kontaktadresse:
Orgenda Verlag für persönliche Weiterentwicklung
Theodor-Heuss-Str. 2-4 · D-53177 Bonn
Telefon: +49 (0) 228 82 05 0
Fax: +49 (0) 228 35 97 69
E-Mail: info@orgenda.de
Internet: www.orgenda.de

Register

Zu diesem Themenkreis sind bereits erschienen:

Peter Heigl
30 Minuten für gute Rhetorik

ISBN 3-89749-123-0

Peter Mohr
30 Minuten für erfolgreiches Verkaufen

ISBN 3-89749-224-5

Lothar J. Seiwert
30 Minuten für optimales Zeitmanagement

ISBN 3-930799-86-3

Reinhard K. Sprenger
30 Minuten für mehr Motivation

ISBN 3-89749-030-7

Bernhard P. Wirth
30 Minuten für bessere Menschenkenntnis

ISBN 3-89749-184-2

Fragen Sie in Ihrer Buchhandlung nach weiteren Bänden dieser Reihe oder fordern Sie einen Verlagsprospekt an:

GABAL Verlag GmbH
Postfach 200 252, 63077 Offenbach
Tel.: 0 69/83 00 66-0; Fax: 0 69/83 00 66-66
www.gabal-verlag.de
E-Mail: info@gabal-verlag.de